SARAH SCHOCKE & ALEXANDER DÖLLE

RAMEN

FOTOGRAFIE: JULIA HOERSCH, COCO LANG

INHALT

Öffnen Sie die Klappen dieses Buches.
Dort finden Sie die wichtigsten Infos zum Thema auf einen Blick!

DAS PRINZIP: RAMEN

DIE PERFEKTE KOMBI

Immer griffbereit:

SO GEHT'S: HÜHNERFOND ZUBEREITEN

Immer griffbereit:

SO GEHT'S: SUPPE ANRICHTEN

GU CLOU

Wussten Sie schon, dass ...?
Entdecken Sie bei einigen ausgewählten Rezepten ganz besondere Tipps mit verblüffendem Insiderwissen.
Aha-Momente garantiert!

Mit diesem Symbol sind alle vegetarischen Gerichte gekennzeichnet.

Die Backzeiten können je nach Herd variieren. Unsere Temperaturangaben beziehen sich auf das Backen im Elektroherd mit Ober- und Unterhitze.

Sammeln Ihrer Lieblingsrezepte mit der »GU Kochen Plus«-App (siehe S. 64)

REZEPTKAPITEL

SARAH SCHOCKE & ALEXANDER DÖLLE

Sarah Schocke und Alexander Dölle sind Ernährungswissenschaftler und haben bereits mehr als 30 Bücher veröffentlicht. Das Eintauchen in neue Esskulturen und kulinarische Welten treibt sie an. Für dieses Buch haben sie japanische Ramen so vereinfacht, dass jeder sie zu Hause nachkochen kann.

Was fasziniert euch an Ramen?

Ramen sind Soulfood. Sie wärmen von innen und liefern Geschmacksexplosionen – wenn sie gut gemacht sind. Ramen-Köche haben ihre lang erprobten Geheimrezepturen. Die Zubereitung dauert oft viele Stunden. Ironischerweise werden Ramen in Japan dennoch als Fast Food eingeordnet. Inzwischen haben sie sich vom Arbeiteressen zum hippen Trendfood gemausert und erfreuen sich immer größerer Beliebtheit. Die Zutaten lassen sich sehr gut vorbereiten, trotzdem braucht man viele kleine Arbeitsschritte. Die ganze Mühe, die in der Suppe steckt, sieht man nicht, wenn sie dampfend vor einem steht. Aber man kann sie schmecken.

Was zeichnet gute selbst gemachte Ramen aus?

Gute Ramen brauchen Zeit – zum Einkochen, Einlegen und Marinieren. Das ist der Schlüssel für ein intensives Umami-Aroma, das so zur vollen Entfaltung gebracht wird. Die Zubereitung folgt dem Baukastenprinzip: Die Grundlage bildet ein aromatischer Fond in Verbindung mit einer kräftigen Würze. Dann folgen die separat gegarten Nudeln und die Beilagen. Hier ist erlaubt, was gefällt, beispielsweise Fleisch, Gemüse oder gekochtes Ei. Zum Schluss kommt das Topping wie geröstetes Sesamöl oder Nori-Flocken als i-Tüpfelchen. Das harmonische Zusammenspiel und die Dosis der einzelnen Zutaten sind das Geheimnis jeder guten Ramen.

Schmecken Ramen auch vegetarisch?

Auf jeden Fall! Auch als Veggie-Variante können Ramen einen konzentrierten Umami-Geschmack mitbringen. Kombu-Algen und getrocknete Shiitake verleihen dem Fond ein würziges Aroma. Seidentofuwürfel, Ei oder im Teigmantel geröstetes Gemüse sind krönende Beilagen.

DAS EINFACHSTE REZEPT – VEGETARISCHE RAMEN MIT CHILIÖL

800 ml Gemüsefond in ca. 10 Min. offen auf 600 ml einkochen lassen.

400 g vorgegarte Ramen-Nudeln nach Packungsanweisung garen und abtropfen lassen.

2 Frühlingszwiebeln waschen, putzen, in Ringe schneiden und 10 Min. in kaltes Wasser legen, dann abgießen.

1 Ei in 6 Min. wachsweich kochen. Kalt abspülen, pellen und in Eiswasser vollständig auskühlen lassen. Dann längs halbieren.

2 EL Misopaste auf Schalen verteilen, anschließend mit dem heißen Fond aufgießen und vermischen.

Die Nudeln zum Fond geben und spiralförmig aufdrehen. Ei und Frühlingszwiebeln darauf anrichten und alles mit 2 EL Chiliöl beträufelt servieren. Das Gericht reicht für 2 Personen.

KLASSISCHE RAMEN

Für 2 Personen • 20 Min. Zubereitung • Pro Portion ca. 685 kcal, 43 g E, 11 g F, 88 g KH

TERIYAKI CHICKEN RAMEN

GUT VORZUBEREITEN

800 ml Hühnerfond
6 EL Sojasauce
6 EL Sake (Reiswein)
6 EL Mirin (süßer Reiswein)
1 TL brauner Zucker
1 Ei (M)
¼ Stange Lauch (weißer Abschnitt)
60 g Zuckerschoten
Salz
200 g Hähnchenbrust
1 EL Rapsöl zum Braten
400 g vorgegarte Ramen-Nudeln (Asienladen)

1 Den Fond in einem breiten Topf aufkochen und in 10 Min. bei starker Hitze offen auf ca. 600 ml reduzieren lassen. Sojasauce, Sake, Mirin und Zucker in einem kleinen Topf erhitzen und in 10 Min. auf die Hälfte zu einer leicht dicklichen Teriyaki-Sauce einkochen lassen.

2 Wasser in einem kleinen Topf erhitzen und das Ei in 6 Min. wachsweich kochen. Kalt abspülen, pellen und in Eiswasser auskühlen lassen. Dann längs halbieren. Lauch waschen, putzen und in dünne Ringe schneiden. Zuckerschoten waschen, putzen und in kochendem Salzwasser 1 Min. blanchieren. Dann abgießen und 2 Min. in Eiswasser abschrecken, erneut abgießen und beiseitestellen.

3 Die Hähnchenbrust trocken tupfen. Öl in einer Pfanne erhitzen und das Fleisch bei mittlerer Hitze 4–5 Min. pro Seite braten, dann mit 1 EL Teriyaki-Sauce glasieren. Die Hähnchenbrust in 5 mm dicke Streifen schneiden.

4 Nudeln nach Packungsanweisung bissfest garen, abgießen und abtropfen lassen. Die restliche Teriyaki-Sauce auf zwei Schalen verteilen und mit dem heißen Fond aufgießen. Nudeln hineingeben und mit einer Gabel spiralförmig aufdrehen. Lauch, Zuckerschoten, Ei und Hähnchen darauf anrichten und sofort servieren.

Für 2 Personen • 25 Min. Zubereitung • Pro Portion ca. 595 kcal, 41 g E, 17 g F, 71 g KH

RAMEN MIT HÄHNCHENBRUST, WAKAME UND INGWER

KLASSIKER

60 g Wakame-Algen-Salat (frisch oder TK; Asienladen)
1 Frühlingszwiebel
1 Knoblauchzehe
1 Ei (M)
20 g eingelegter roter Ingwer (ersatzweise weißer Ingwer; Asienladen)
800 ml Hühnerfond
200 g Hähnchenbrust
2 EL Rapsöl zum Braten
400 g vorgegarte Ramen-Nudeln (Asienladen)
2 EL helle Misopaste

1 Wakame gegebenenfalls auftauen. Die Frühlingszwiebel waschen, putzen und in feine Ringe schneiden. Knoblauch schälen und fein hacken. Wasser in einem kleinen Topf erhitzen und das Ei in 6 Min. wachsweich kochen. Sofort herausnehmen, kalt abspülen, pellen und in Eiswasser vollständig auskühlen lassen. Das Ei längs halbieren. Ingwer in Stifte schneiden.

2 Den Fond in einem breiten Topf aufkochen und in 10 Min. bei starker Hitze offen auf ca. 600 ml reduzieren lassen.

3 Inzwischen die Hähnchenbrust trocken tupfen. 1 EL Öl in einer Pfanne erhitzen und das Fleisch bei mittlerer Hitze 4–5 Min. pro Seite braten. Den Herd ausschalten, das restliche Öl und den Knoblauch zugeben und kurz mitbraten. Dann das Hähnchen schräg in 3 mm dünne Scheiben schneiden.

4 Nudeln nach Packungsanweisung bissfest garen, abgießen und abtropfen lassen. Die Misopaste auf zwei Schalen verteilen und mit dem heißen Fond aufgießen. Die Nudeln zugeben und mit einer Gabel spiralförmig aufdrehen. Ei, Hähnchen, Frühlingszwiebel, Wakame und Ingwer darauf anrichten. Die Ramen mit dem Knoblauchöl aus der Pfanne beträufeln und sofort servieren.

Für 2 Personen • 30 Min. Zubereitung • Pro Portion ca. 700 kcal, 37 g E, 20 g F, 88 g KH

SOMMERRAMEN MIT HÄHNCHEN

SOMMER-REZEPT

800 ml Hühnerfond
2 EL helle Misopaste
4 EL Sake (Reiswein)
2 EL Mirin (süßer Reiswein)
½ kleine Möhre (60 g)
¼ Gurke (60 g)
1 Handvoll Baby-Blattspinat
40 g eingelegter Ingwer
400 g vorgegarte Ramen-Nudeln (Asienladen)
200 g Hähnchenbrust
35 g Tempura-Teigmischung (Asienladen)

AUSSERDEM
Öl zum Frittieren

1 Den Fond in einem breiten Topf aufkochen und in 15 Min. bei starker Hitze offen auf ca. 400 ml reduzieren lassen. Misopaste, Sake und Mirin untermischen und alles auskühlen lassen. Inzwischen Möhre und Gurke schälen und mit dem Julienneschneider längs in Streifen schneiden. Spinat waschen und trocken schütteln. Ingwer abtropfen lassen und in feine Streifen schneiden.

2 Nudeln nach Packungsanweisung bissfest garen, abgießen, kalt abspülen und abtropfen lassen. Hähnchenbrust trocken tupfen. Tempura-Teigmischung mit 50 ml Wasser glatt rühren. Öl 1 cm hoch in eine Pfanne füllen und auf ca. 180° erhitzen. Das Fleisch durch den Teig ziehen und in 3–4 Min. pro Seite goldbraun frittieren, dann in 5 mm dicke Streifen schneiden.

3 Fond, Nudeln, Gemüse und Ingwer auf zwei Schüsseln verteilen. Das Hähnchen darauf anrichten und die Ramen servieren.

Für 2 Personen • 20 Min. Zubereitung • Pro Portion ca. 550 kcal, 40 g E, 8 g F, 71 g KH

HÄHNCHEN-LIMETTEN-RAMEN

GÜNSTIG

800 ml Hühnerfond
1 Frühlingszwiebel
300 g Mini-Pak-Choi
1 Bio-Limette
60 g eingelegte Bambussprossen
200 g Hähnchenbrust
1 EL Rapsöl zum Braten
6 EL Sojasauce
400 g vorgegarte Ramen-Nudeln (Asienladen)
4 EL Sake (Reiswein)

AUSSERDEM
Zestenreißer

1 Den Fond in einem breiten Topf aufkochen und in 10 Min. bei starker Hitze offen auf ca. 600 ml reduzieren lassen. Inzwischen die Frühlingszwiebel waschen, putzen und in Ringe schneiden. Pak Choi waschen, putzen und in 2 cm große Stücke schneiden. Limette heiß abwaschen und trocknen. Mit dem Zestenreißer die Schale abziehen. Sprossen abspülen und abtropfen lassen.

2 Die Hähnchenbrust trocken tupfen. Öl in einer Pfanne auf mittlerer Stufe erhitzen. Das Fleisch darin 4–5 Min. pro Seite braten, mit 1 EL Sojasauce glasieren und in 5 mm dicke Streifen schneiden.

3 Nudeln nach Packungsanweisung bissfest garen, abgießen und abtropfen lassen. Übrige Sojasauce mit Sake verrühren, auf zwei Schalen verteilen und mit heißem Fond aufgießen. Nudeln zugeben und spiralförmig aufdrehen. Hähnchen, Frühlingszwiebel, Pak Choi, Sprossen und Limettenzesten darauf anrichten.

Für 2 Personen • 20 Min. Zubereitung • Pro Portion ca. 515 kcal, 34 g E, 9 g F, 70 g KH

RAMEN MIT SCHWEINEBRATEN, FRÜHLINGSZWIEBEL UND EI

KLASSIKER

20 g TK-Narutomaki (gedämpfte Fischrolle; Asienladen)
1 Frühlingszwiebel
1 Ei (M)
400 ml Hühnerfond
400 ml Fischfond
100 g gegarter Schweinekrustenbraten (vom Metzger)
400 g vorgegarte Ramen-Nudeln (Asienladen)
6 EL Sojasauce
1 TL Dashipulver (Fischbrühe; Asienladen)
4 geröstete Nori-Blätter (Asienladen)

1 Narutomaki auftauen und in 2 mm dicke Scheiben schneiden. Frühlingszwiebel waschen, putzen und in feine Ringe schneiden. Wasser in einem kleinen Topf erhitzen und das Ei in 6 Min. wachsweich kochen.

2 Inzwischen den Hühner- und Fischfond in einem breiten Topf aufkochen und in 10 Min. bei starker Hitze offen auf ca. 600 ml reduzieren lassen.

3 Das Ei kalt abspülen, pellen und in Eiswasser auskühlen lassen, dann längs halbieren. Den Braten in 3 mm dicke Scheiben schneiden. Nudeln nach Packungsanweisung bissfest garen, abgießen und abtropfen lassen.

4 Je 3 EL Sojasauce und ½ TL Dashipulver in zwei Schalen verrühren. Mit dem heißen Fond aufgießen. Die Nudeln zugeben und spiralförmig aufdrehen. Ei, Schweinebraten, Narutomaki und Frühlingszwiebel darauf anrichten. Je 2 Nori-Blätter seitlich an den Schüsselrand stecken und die Ramen sofort servieren.

Für 2 Personen • 20 Min. Zubereitung • Pro Portion ca. 640 kcal, 53 g E, 17 g F, 70 g KH

SAPPORO RAMEN

AUS NORDJAPAN

2 EL Mais (aus der Dose)
2 EL eingelegte Bambussprossen
1 Blatt Chinakohl (50 g)
100 g gegarter Schweinekrustenbraten (vom Metzger)
400 ml Hühnerfond
400 ml Fischfond
6 gehäufte EL Bonito-Flocken (getrockneter, geräucherter Thunfisch; Asienladen)
400 g vorgegarte Ramen-Nudeln (Asienladen)
2 EL helle Misopaste
2 TL Butter

1 Mais und Bambussprossen in ein Sieb abgießen und abspülen. Chinakohl waschen und trocken tupfen, dann in feine Streifen schneiden. Den Schweinebraten in 3 mm dicke Scheiben schneiden.

2 Den Hühner- und Fischfond in einem breiten Topf aufkochen und in 10 Min. bei starker Hitze offen auf ca. 600 ml reduzieren lassen. 2 Min. vor Ende der Kochzeit die Bonito-Flocken zugeben. Dann alles durch ein Sieb abgießen und den Fond dabei auffangen. Die Flocken entsorgen.

3 Die Nudeln nach Packungsanweisung bissfest garen und abgießen. Die Misopaste auf zwei Schalen verteilen und mit dem heißen Fond aufgießen. Die Nudeln zugeben und mit einer Gabel spiralförmig aufdrehen. Chinakohl, Schweinebraten, Mais und Bambussprossen darauf anrichten. Je 1 TL Butter zufügen und die Ramen sofort servieren.

Für 2 Personen • 30 Min. Zubereitung • Pro Portion ca. 710 kcal, 31 g E, 32 g F, 70 g KH

TANTANMEN RAMEN

SCHARF

1 kleiner Pak Choi (100 g)
Salz
¼ Stange Lauch (weißer Abschnitt)
800 ml Hühnerfond
100 ml Sojadrink
150 g Schweinehackfleisch
4 EL Sojasauce
1 EL helle Misopaste
2 EL Sake (Reiswein)
400 g vorgegarte Ramen-Nudeln (Asienladen)
2 EL geröstetes Sesamdressing (Asienladen)
4 TL Chiliöl (Asienladen)

1 Pak Choi putzen, längs vierteln und in kochendem Salzwasser 2 Min. blanchieren. Abgießen und abschrecken. Lauch waschen, putzen und in feine Ringe schneiden. Den Fond in einem breiten Topf aufkochen und in 10 Min. bei starker Hitze offen auf ca. 600 ml reduzieren lassen. Sojadrink unterrühren und erneut erhitzen, aber nicht mehr kochen.

2 Hackfleisch in einer Pfanne bei mittlerer Hitze 4–5 Min. braten. 2 EL Sojasauce, Miso und Sake verrühren und zum Fleisch geben. 2–3 Min. weiterbraten, bis die Flüssigkeit beinahe verdampft ist.

3 Nudeln nach Packungsanweisung bissfest garen, abgießen und abtropfen lassen. Übrige Sojasauce und Sesamdressing auf zwei Schalen verteilen, verrühren und mit heißem Fond aufgießen. Nudeln zugeben und spiralförmig aufdrehen. Pak Choi, Hack und Lauch darauf anrichten. Die Ramen mit Öl beträufeln und servieren.

Für 2 Personen • 30 Min. Zubereitung • Pro Portion ca. 825 kcal, 64 g E, 26 g F, 83 g KH

CURRY RAMEN

AROMATISCH

1 Ei (M)
20 g Mungbohnensprossen (ersatzweise Rettichsprossen)
¼ Stange Lauch (grüner Abschnitt)
20 g eingelegter Ingwer
2 Schweineschnitzel (400 g)
35 g Tempura-Teigmischung (Asienladen)
800 ml Hühnerfond
2 TL mildes Currypulver
400 g vorgegarte Ramen-Nudeln (Asienladen)
6 EL Sojasauce

AUSSERDEM
Öl zum Frittieren

1 Wasser in einem kleinen Topf erhitzen und das Ei in 6 Min. wachsweich kochen. Sofort herausnehmen, kalt abspülen, pellen und in Eiswasser vollständig auskühlen lassen. Das Ei längs halbieren.

2 Die Sprossen waschen und abtropfen lassen. Den Lauch waschen, putzen und längs in sehr feine Streifen schneiden. Den Ingwer abtropfen lassen. Die Schweineschnitzel trocken tupfen. Die Tempura-Teigmischung mit 50 ml Wasser in einem tiefen Teller glatt rühren.

3 Den Fond in einem breiten Topf aufkochen und in 10 Min. bei starker Hitze offen auf ca. 600 ml reduzieren lassen, dann das Currypulver unterrühren.

4 Öl 1 cm hoch in eine Pfanne füllen und auf ca. 180° erhitzen. Die Schweineschnitzel von beiden Seiten durch den Tempura-Teig ziehen und im heißen Öl in 3–4 Min. pro Seite goldbraun frittieren, dann in 5 mm dicke Streifen schneiden.

5 Die Nudeln nach Packungsanweisung bissfest garen und abgießen. Die Sojasauce auf zwei Schalen verteilen, mit dem heißen Fond aufgießen, die Nudeln zugeben und mit einer Gabel spiralförmig aufdrehen. Ei, Schnitzel, Lauch, Sprossen und Ingwer darauf anrichten. Die Ramen sofort servieren.

Für 2 Personen • 30 Min. Zubereitung • Pro Portion ca. 625 kcal, 46 g E, 17 g F, 68 g KH

LACHS-GARNELEN-RAMEN

EINFACH

100 g rohe küchenfertige Garnelen (geschält)
100 g Räucherlachs
1 Frühlingszwiebel
40 g eingelegter Ingwer
1 kleiner Pak Choi (100 g)
Salz
800 ml Fischfond
6 EL Sojasauce
½ TL Wasabipaste
400 g vorgegarte Ramen-Nudeln (Asienladen)
4 geröstete Nori-Blätter (Asienladen)

1 Die Garnelen trocken tupfen und sehr fein würfeln oder zügig im Blitzhacker zerkleinern. Aus der Masse sechs walnussgroße Bällchen formen.

2 Den Lachs in 1 cm breite Streifen schneiden. Frühlingszwiebel waschen, putzen und in feine Ringe schneiden. Den eingelegten Ingwer abtropfen lassen. Pak Choi waschen, putzen und längs vierteln, dann 2 Min. in kochendem Salzwasser blanchieren, in Eiswasser abschrecken und abtropfen lassen.

3 Den Fond in einem breiten Topf aufkochen und in 10 Min. bei starker Hitze offen auf ca. 600 ml reduzieren lassen. Die Garnelenbällchen in dem heißen, aber nicht mehr kochenden Fond in 3 Min. gar ziehen lassen.

4 Die Sojasauce und je ¼ TL Wasabipaste auf zwei Schalen verteilen und gut verrühren, bis sich die Paste aufgelöst hat. Die Nudeln nach Packungsanweisung bissfest garen, abgießen und abtropfen lassen.

5 Die Garnelenbällchen aus dem Fond nehmen, den Fond in die Schalen gießen. Nudeln zugeben und mit einer Gabel spiralförmig aufdrehen. Garnelenbällchen, Lachs, Frühlingszwiebel, Pak Choi und Ingwer darauf anrichten. Die Nori-Blätter an den Schüsselrand stecken und die Ramen sofort servieren.

Für 2 Personen • 35 Min. Zubereitung • Pro Portion ca. 620 kcal, 23 g E, 25 g F, 72 g KH

SOMMERRAMEN MIT FELDSALAT UND OMELETTSTREIFEN

VITAMINREICH

800 ml Gemüsefond
Salz
½ TL Wasabipaste
200 g Brokkoli
3 TL geröstetes Sesamöl (Asienladen)
2 Eier (M)
1 TL Zucker
2 EL Rapsöl zum Braten
80 g Kirschtomaten
50 g Feldsalat
40 g eingelegter Ingwer
400 g vorgegarte Ramen-Nudeln (Asienladen)

1 Den Fond in einem breiten Topf aufkochen und in 15 Min. bei starker Hitze offen auf ca. 400 ml reduzieren lassen. Dann 1 TL Salz unterrühren, den Fond abkühlen lassen und mit der Wasabipaste vermengen.

2 Brokkoli waschen, in feine Röschen schneiden und in siedendem Salzwasser 3 Min. blanchieren. Abgießen, abschrecken und abtropfen lassen. Den Brokkoli mit 2 TL Sesamöl marinieren.

3 Die Eier in einen Rührbecher aufschlagen und mit Zucker und 2 Prisen Salz verquirlen. 1 EL Öl in einer Pfanne erhitzen und die Hälfte der Eiermasse darin bei mittlerer Hitze stocken lassen. Das Omelett auf einen Teller geben. Das übrige Ei im restlichen Öl ebenso ausbraten. Die Omeletts in feine Streifen schneiden.

4 Kirschtomaten waschen und vierteln. Feldsalat putzen, waschen und trocken schütteln. Ingwer abtropfen lassen und in feine Streifen schneiden.

5 Die Nudeln nach Packungsanweisung bissfest garen, abgießen, kalt abspülen und abtropfen lassen. Dann die Nudeln mit dem restlichen Sesamöl vermischen. Den Fond auf zwei Schüsseln verteilen. Die Nudeln zugeben und mit einer Gabel spiralförmig aufdrehen. Brokkoli, Omelettstreifen, Tomaten, Feldsalat und Ingwer darauf anrichten.

Für 2 Personen • 20 Min. Zubereitung • Pro Portion ca. 435 kcal, 20 g E, 7 g F, 72 g KH

RAMEN MIT TOMATE UND TOFU

VEGAN

60 g Wakame-Algen-Salat (frisch oder TK; Asienladen)
800 ml Gemüsefond
2 EL Mais (aus der Dose)
200 g Seidentofu
1 Frühlingszwiebel
6 Kirschtomaten
1 TL Rapsöl zum Braten
400 g vorgegarte Ramen-Nudeln (Asienladen)
2 EL helle Misopaste

1 Wakame gegebenenfalls auftauen. Den Fond in einem breiten Topf aufkochen und in 10 Min. bei starker Hitze offen auf ca. 600 ml reduzieren lassen. Inzwischen den Mais abspülen und abtropfen lassen. Seidentofu ebenfalls abtropfen lassen, dann in 2 cm große Würfel schneiden. Frühlingszwiebel waschen, putzen und in feine Ringe schneiden. Kirschtomaten waschen.

2 Das Öl in einer Pfanne erhitzen und die Tomaten darin bei starker Hitze von jeder Seite 1 Min. scharf anbraten, dann herausnehmen. Die Nudeln nach Packungsanweisung bissfest garen, abgießen und abtropfen lassen.

3 Die Misopaste auf zwei Schalen verteilen, mit dem heißen Fond aufgießen und gut verrühren. Die Nudeln zugeben und mit einer Gabel spiralförmig aufdrehen. Mais, Tofu, Frühlingszwiebel, Tomaten und Wakame darauf anrichten und die Ramen sofort servieren.

Für 2 Personen • 30 Min. Zubereitung • Pro Portion ca. 530 kcal, 19 g E, 9 g F, 84 g KH

RETTICH-PAK-CHOI-RAMEN

FRÜHLINGS-REZEPT

1 Frühlingszwiebel
40 g eingelegter gelber Rettich (Asienladen)
1 kleiner Pak Choi (100 g)
50 g Zuckerschoten
1 Ei (M)
Salz
2 TL geröstetes Sesamöl (Asienladen)
800 ml Gemüsefond
400 g vorgegarte Ramen-Nudeln (Asienladen)
6 EL Sojasauce
2 EL getrocknete Algen-Flocken (z. B. Nori, Wakame; Asienladen)

1 Frühlingszwiebel waschen, putzen und in Ringe schneiden. Rettich in Scheiben schneiden. Pak Choi waschen, putzen, grob schneiden, dabei Grün und weißes Blattende trennen. Zuckerschoten waschen.

2 Das Ei in 6 Min. wachsweich kochen. Sofort kalt abspülen, pellen und in Eiswasser auskühlen lassen. Dann längs halbieren. Zuckerschoten und weiße Pak-Choi-Blattteile 1 Min. in kochendem Salzwasser blanchieren, abgießen und abschrecken. Mit Sesamöl marinieren.

3 Den Fond in einem breiten Topf aufkochen und in 10 Min. bei starker Hitze offen auf ca. 600 ml reduzieren lassen. Die Nudeln nach Packungsanweisung bissfest garen, abgießen und abtropfen lassen. Sojasauce auf zwei Schalen verteilen und mit dem heißen Fond aufgießen. Die Nudeln zugeben und aufdrehen. Ei, Pak Choi, Zuckerschoten, Rettich und Frühlingszwiebel darauf anrichten. Die Ramen mit Algen-Flocken bestreut servieren.

MODERN & CROSSOVER

Für 2 Personen • 25 Min. Zubereitung • Pro Portion ca. 590 kcal, 20 g E, 23 g F, 65 g KH

CALIFORNIA RAMEN

VOLLWERT-REZEPT

1 Frühlingszwiebel
½ Avocado
60 g Grünkohlblätter (ersatzweise Wirsing)
Salz
3 TL geröstetes Sesamöl (Asienladen)
1 Ei (M)
800 ml Gemüsefond
6 EL Sojasauce
2 EL Sake (Reiswein)
400 g vorgegarte Ramen-Nudeln (Asienladen)
4 geröstete Nori-Blätter (Asienladen)

1 Frühlingszwiebel waschen, putzen und in feine Ringe schneiden. Die Avocadohälfte entsteinen, das Fruchtfleisch aus der Schale lösen und in feine Scheiben schneiden.

2 Grünkohl waschen, von der dicken Blattrippe befreien und in 5 mm dicke Streifen schneiden. Die Streifen in kochendem Salzwasser 30 Sek. blanchieren, abgießen, abschrecken, abtropfen lassen und mit 1 TL Sesamöl marinieren.

3 Wasser in einem kleinen Topf erhitzen und das Ei in 6 Min. wachsweich kochen. Sofort herausnehmen, kalt abspülen, pellen und in Eiswasser vollständig auskühlen lassen. Dann das Ei längs halbieren.

4 Inzwischen den Fond in einem breiten Topf aufkochen und in 10 Min. bei starker Hitze offen auf ca. 600 ml reduzieren lassen. Sojasauce, Sake und je 1 TL Sesamöl auf zwei Schalen verteilen. Nudeln nach Packungsanweisung bissfest garen, abgießen und abtropfen lassen.

5 Den heißen Fond in die beiden Schalen gießen, die Nudeln zugeben und mit einer Gabel spiralförmig aufdrehen. Ei, Avocado, Grünkohl und Frühlingszwiebel darauf anrichten. Je 2 Nori-Blätter seitlich an den Schüsselrand stecken und die Ramen sofort servieren.

Für 2 Personen • 20 Min. Zubereitung • Pro Portion ca. 570 kcal, 26 g E, 21 g F, 69 g KH

ITALIENISCHE RAMEN

EINFACH

800 ml Hühnerfond
30 g Parmesan
1 Frühlingszwiebel
1 TL Kapern (aus dem Glas)
40 g getrocknete Tomaten
20 g Rucola
400 g vorgegarte Ramen-Nudeln (Asienladen)
2 EL Mirin (süßer Reiswein)
80 g Pancetta in dünnen Scheiben

1 Den Fond in einem breiten Topf aufkochen und in 10 Min. bei starker Hitze offen auf ca. 600 ml reduzieren lassen.

2 Inzwischen den Parmesan fein reiben. Die Frühlingszwiebel waschen, putzen und in feine Ringe schneiden. Kapern abtropfen lassen. Getrocknete Tomaten in feine Streifen schneiden. Rucola waschen, trocken schütteln und etwas kleiner zupfen.

3 Den geriebenen Parmesan in den Fond geben und bei geringer Hitze in ca. 5 Min. unter Rühren auflösen. Nudeln nach Packungsanweisung bissfest garen, abgießen und abtropfen lassen.

4 Je 1 TL Mirin auf zwei Schalen verteilen und mit dem heißen Fond aufgießen. Die Nudeln zugeben und mit einer Gabel spiralförmig aufdrehen. Frühlingszwiebel, Tomaten, Pancetta, Kapern und Rucola darauf anrichten und die Ramen sofort servieren.

Für 2 Personen • 30 Min. Zubereitung • Pro Portion ca. 735 kcal, 41 g E, 30 g F, 74 g KH

THAI RAMEN

EXOTISCH

80 g Zuckerschoten
80 g Brokkoli
Salz
1 kleine Frühlingszwiebel
½ Bio-Limette
600 ml Hühnerfond
200 g Kokosmilch
1 EL Erdnussmus
150 g Hähnchengeschnetzeltes
400 g vorgegarte Ramen-Nudeln (Asienladen)
2 EL helle Misopaste

1 Zuckerschoten waschen. Brokkoli waschen und in Röschen teilen. Beides in kochendem Salzwasser 2 Min. blanchieren, abgießen und abschrecken. Frühlingszwiebel waschen, putzen und in Ringe schneiden. Limette heiß waschen, trocknen und in Spalten schneiden.

2 Fond und Kokosmilch in einem breiten Topf aufkochen und in 10 Min. bei starker Hitze offen auf ca. 600 ml reduzieren lassen. Erdnussmus unterrühren, Hähnchengeschnetzeltes zugeben und in 5 Min. bei kleiner Hitze gar ziehen lassen, aber nicht kochen.

3 Nudeln nach Packungsanweisung bissfest garen, abgießen und abtropfen lassen. Misopaste auf zwei Schalen verteilen. Hähnchengeschnetzeltes herausnehmen, die Schalen mit heißem Fond aufgießen. Nudeln zugeben und spiralförmig aufdrehen. Frühlingszwiebel, Zuckerschoten, Brokkoli und Hähnchen darauf anrichten. Die Ramen mit Limette garniert sofort servieren.

Für 2 Personen • 35 Min. Zubereitung • Pro Portion ca. 870 kcal, 26 g E, 54 g F, 67 g KH

BAYERISCHE RAMEN

GÜNSTIG

80 g geräucherter Schweinebauch
80 g Leberkäse
10 g Schnittlauch
100 g Sauerkraut (aus dem Glas)
40 g eingelegter Ingwer
800 ml Hühnerfond
1 Ei (M)
400 g vorgegarte Ramen-Nudeln (Asienladen)
6 EL Sojasauce
2 TL Knoblauchöl

1 Den Schweinebauch quer in 5 mm dicke Streifen schneiden. Den Leberkäse in 5 mm dicke und 4 cm lange Streifen schneiden. Schnittlauch waschen, trocken schütteln und in feine Röllchen schneiden. Sauerkraut und eingelegten Ingwer abgießen.

2 Den Fond in einem breiten Topf aufkochen und in 10 Min. bei starker Hitze offen auf ca. 600 ml reduzieren lassen. Währenddessen Wasser in einem kleinen Topf erhitzen und das Ei in 6 Min. wachsweich kochen. Sofort herausnehmen, kalt abspülen, pellen und in Eiswasser vollständig auskühlen lassen. Dann längs halbieren.

3 Den Schweinebauch in einer Pfanne bei mittlerer Hitze in 8–10 Min. auslassen und knusprig braten. Nach 5 Min. die Leberkäsestreifen zugeben und unter gelegentlichem Wenden ebenfalls von allen Seiten anbraten.

4 Nudeln nach Packungsanweisung bissfest garen, abgießen und abtropfen lassen. Je 2 EL Sojasauce auf zwei Schalen verteilen und den heißen Fond darübergießen. Die Nudeln zugeben und mit einer Gabel spiralförmig aufdrehen. Schweinebauch, Leberkäse, Ei, Schnittlauch, Sauerkraut und Ingwer darauf anrichten. Die Ramen mit je 1 TL Knoblauchöl beträufeln und sofort servieren.

Für 2 Personen • 40 Min. Zubereitung • Pro Portion ca. 495 kcal, 24 g E, 11 g F, 74 g KH

TOMATEN-RAMEN MIT KIMCHI

SCHARF

1 Ei (M)
1 Frühlingszwiebel
60 g Schweinehackfleisch
1 ½ EL helle Misopaste
10 g Semmelbrösel
800 ml Hühnerfond
100 g passierte Tomaten (aus dem Tetrapak)
400 g vorgegarte Ramen-Nudeln (Asienladen)
100 g Kimchi (Asienladen)

1 Wasser in einem kleinen Topf erhitzen und das Ei in 6 Min. wachsweich kochen. Sofort herausnehmen, kalt abspülen, pellen und in Eiswasser vollständig auskühlen lassen. Dann das Ei längs halbieren.

2 Die Frühlingszwiebel waschen und putzen. Den weißen Abschnitt sehr fein hacken, den Rest in feine Ringe schneiden. Gehackte Frühlingszwiebel mit Schweinehackfleisch, ½ EL Misopaste und Semmelbröseln in einer Schüssel vermischen. Aus der Masse sechs walnussgroße Kugeln formen.

3 Die Hackbällchen in einer beschichteten Pfanne bei mittlerer Hitze von allen Seiten in 8 Min. hellbraun braten.

4 Den Fond mit den passierten Tomaten in einem breiten Topf aufkochen und in 10 Min. bei starker Hitze offen auf ca. 650 ml reduzieren lassen. Die restliche Misopaste auf zwei Schalen verteilen. Nudeln nach Packungsanweisung bissfest garen, abgießen und abtropfen lassen.

5 Den heißen Fond in die Schalen gießen und mit der Misopaste verrühren. Die Nudeln zugeben und mit einer Gabel spiralförmig aufdrehen. Hackfleischbällchen, Frühlingszwiebel, Kimchi und Ei darauf anrichten und die Ramen sofort servieren.

Für 2 Personen • 30 Min. Zubereitung • Pro Portion ca. 650 kcal, 39 g E, 19 g F, 73 g KH

RAMEN MIT STEAK, GERÖSTETEM MAIS UND TOMATE

TEXANISCH

1 Knoblauchzehe
¼ Stange Lauch (grüner Abschnitt)
50 g Mais (aus der Dose)
6 Kirschtomaten
40 g Parmesan
800 ml Rinderfond
1 EL Rapsöl zum Braten
1 kleines Entrecôte-Steak (ca. 150 g)
400 g vorgegarte Ramen-Nudeln (Asienladen)
4 EL Sojasauce
4 EL Sake (Reiswein)

1 Knoblauch schälen und fein hacken. Lauch waschen, putzen, längs halbieren und in feine Ringe schneiden. Lauchringe in eine Schale mit kaltem Wasser geben, damit sie etwas milder werden. Den Mais abtropfen lassen. Kirschtomaten waschen und trocknen. Den Parmesan fein reiben.

2 Den Fond mit dem gehackten Knoblauch in einem breiten Topf aufkochen und in 10 Min. bei starker Hitze offen auf ca. 600 ml reduzieren lassen. Anschließend den geriebenen Parmesan einrühren.

3 Das Öl in einer Pfanne erhitzen und das Steak darin 4 Min. pro Seite braten. Nach dem Wenden Tomaten und Mais zugeben und mitrösten. Nudeln nach Packungsanweisung bissfest garen, abgießen und abtropfen lassen.

4 Das Steak in dünne Streifen schneiden. Den Lauch in ein Sieb abgießen und abtropfen lassen. Je 2 EL Sojasauce und Sake auf zwei Schalen verteilen, den heißen Fond darübergießen. Die Nudeln zugeben und mit einer Gabel spiralförmig aufdrehen. Steak, Mais, Tomaten und Lauch darauf anrichten. Die Ramen sofort servieren.

GU CLOU

Lauch oder Frühlingszwiebeln verlieren etwas von ihrer zwiebeligen Schärfe, wenn man sie mindestens 10 Min. in einer Schale mit kaltem Wasser einweicht. Anschließend in ein Sieb abgießen.

Für 2 Personen • 35 Min. Zubereitung • Pro Portion ca. 575 kcal, 39 g E, 13 g F, 71 g KH

GARNELEN-RAMEN

FÜR GÄSTE

30 g Wakame-Algen-Salat (frisch oder TK; Asienladen)
800 ml Fischfond
15 g getrocknete Kombu-Alge (Asienladen)
10 g Bonito-Flocken (getrockneter, geräucherter Thunfisch; Asienladen)
15 g Mungbohnensprossen (ersatzweise Rettich- oder Sojasprossen)
30 g Baby-Blattspinat
1 Ei (M)
100 g rohe küchenfertige Garnelen (geschält)
400 g vorgegarte Ramen-Nudeln (Asienladen)
6 EL Sojasauce
1 TL Knoblauchöl

1 Wakame gegebenenfalls auftauen. Den Fond in einem breiten Topf aufkochen und in 10 Min. bei starker Hitze offen auf ca. 600 ml reduzieren lassen. Dann die Kombu-Alge zugeben und 15 Min. bei ausgeschalteter Hitze ziehen lassen. 2 Min. vor Ende der Ziehzeit die Bonito-Flocken zugeben. Anschließend alles durch ein feines Sieb abgießen, den Fond dabei auffangen und zurück in den Topf geben. Kombu-Alge und Bonito-Flocken entfernen.

2 Die Sprossen abspülen und abtropfen lassen. Den Spinat verlesen, waschen und trocken schütteln. Wasser in einem kleinen Topf erhitzen und das Ei in 6 Min. wachsweich kochen. Sofort herausnehmen, kalt abspülen, pellen und in Eiswasser vollständig auskühlen lassen. Dann längs halbieren.

3 Den Fond erneut erhitzen. Die Garnelen im heißen, aber nicht kochenden Fond bei niedriger Hitze in 3–4 Min. gar ziehen lassen, anschließend herausnehmen und beiseitestellen. Nudeln nach Packungsanweisung bissfest garen, abgießen und abtropfen lassen.

4 Je 3 EL Sojasauce auf zwei Schalen verteilen und den Fond darübergießen. Die Nudeln zugeben und mit einer Gabel spiralförmig aufdrehen. Sprossen, Spinat, Ei, Wakame und Garnelen darauf anrichten. Die Ramen mit Knoblauchöl beträufeln und sofort servieren.

Für 2 Personen • 25 Min. Zubereitung • Pro Portion ca. 595 kcal, 32 g E, 15 g F, 76 g KH

SEITAN-RETTICH-RAMEN

VEGAN

150 g weißer Rettich
Salz
4 Frühlingszwiebeln
150 g Seitan-Medaillons (Bioladen)
1 Bio-Limette
1 ½ EL Rapsöl zum Braten
1 TL Zucker
800 ml Gemüsefond
6 EL Sojasauce
2 TL Knoblauchöl
400 g vorgegarte Ramen-Nudeln (Asienladen)

AUSSERDEM
Zestenreißer

1 Rettich schälen und in feine Scheiben hobeln. Mit 1 TL Salz in einer Schüssel verkneten, 15 Min. ruhen lassen, dann abgießen und ausdrücken.

2 Inzwischen die Frühlingszwiebeln waschen und putzen. 1 Frühlingszwiebel in feine Ringe schneiden, den Rest in 4 cm lange Stücke. Seitan in dünne Scheiben schneiden. Die Limette heiß abwaschen, trocknen und die Schale mit einem Zestenreißer dünn schälen. Den Saft auspressen.

3 1 EL Öl in einer Pfanne erhitzen und die Seitanscheiben in 10 Min. von allen Seiten kross braten, dann beiseitestellen. Das restliche Öl in die Pfanne geben und die Frühlingszwiebelstücke darin 1 Min. scharf anbraten, dann mit dem Zucker karamellisieren und aus der Pfanne nehmen.

4 Inzwischen den Fond in einem breiten Topf aufkochen und in 10 Min. bei starker Hitze offen auf ca. 600 ml reduzieren lassen. Sojasauce, Limettensaft und Knoblauchöl auf zwei Schalen verteilen. Nudeln nach Packungsanweisung bissfest garen, abgießen und abtropfen lassen.

5 Den heißen Fond auf die beiden Schalen verteilen, die Nudeln zugeben und mit einer Gabel spiralförmig aufdrehen. Seitan, karamellisierte Frühlingszwiebeln, Frühlingszwiebelringe und Rettich darauf anrichten und die Ramen mit Limettenzesten bestreut sofort servieren.

Für 2 Personen • 30 Min. Zubereitung • Pro Portion ca. 615 kcal, 26 g E, 13 g F, 98 g KH

MATCHA RAMEN

VEGAN

60 g eingelegte Bambussprossen
60 g eingelegter gelber Rettich (Asienladen)
100 g Räuchertofu
1 EL Rapsöl zum Braten
800 ml Gemüsefond
20 g getrocknete Shiitake (Pilze; Asienladen)
200 ml Sojadrink
400 g vorgegarte Ramen-Nudeln (Asienladen)
2 EL helle Misopaste
1 TL Matcha-Pulver
2 EL Nori-Flocken (Asienladen)

1 Sprossen abspülen und abtropfen lassen. Rettich abtropfen lassen und zunächst in feine Scheiben, dann in feine Streifen schneiden. Den Tofu in 5 mm dicke Scheiben, anschließend in 5 mm dicke Streifen schneiden. Das Öl in einer Pfanne erhitzen und den Tofu darin in 5 Min. kross anbraten.

2 Den Fond mit den Pilzen in einem breiten Topf aufkochen und in 10 Min. bei starker Hitze offen auf ca. 600 ml reduzieren lassen. Pilze entfernen, den Sojadrink zugeben und den Fond nochmals erhitzen, aber nicht mehr kochen. Nudeln nach Packungsanweisung bissfest garen, abgießen und abtropfen lassen.

3 Je 1 EL Misopaste auf zwei Schalen verteilen, Matcha-Pulver in den Fond einrühren. Den Fond in die Schalen gießen, Nudeln zugeben und spiralförmig aufdrehen. Sprossen, Rettich und Tofu darauf anrichten. Die Ramen mit Nori-Flocken bestreut servieren.

Für 2 Personen • 25 Min. Zubereitung • Pro Portion ca. 505 kcal, 17 g E, 12 g F, 81 g KH

GRÜNE-GEMÜSE-RAMEN

SOMMER-REZEPT

60 g geschälte TK-Edamame
100 g Romanesco
60 g Spitzkohl
800 ml Gemüsefond
15 g getrocknete Kombu-Alge (Asienladen)
10 g getrocknete Shiitake (Pilze; Asienladen)
1 EL Rapsöl zum Braten
400 g vorgegarte Ramen-Nudeln (Asienladen)
2 EL geröstetes Sesamdressing (Asienladen)
Salz
60 g süßsauer eingelegtes Gemüse (Asienladen)

1 Edamame auftauen, abspülen und abtropfen lassen. Romanesco in Röschen teilen und diese halbieren oder vierteln. Kohl waschen und in Streifen schneiden.

2 Den Fond aufkochen, Kombu-Alge und Shiitake zugeben und alles zugedeckt ziehen lassen. Kombu-Alge nach 2 Min. entfernen, die Pilze weitere 8 Min. ziehen lassen. In den letzten 5 Min. den Fond offen auf ca. 600 ml einkochen lassen. Pilze ebenfalls entsorgen. Inzwischen das Öl in einer Pfanne erhitzen und Edamame und Romanesco darin 6–7 Min. scharf anbraten. Nudeln nach Packungsanweisung bissfest garen, abgießen und abtropfen lassen.

3 Je 1 EL Sesamdressing und ½ TL Salz auf zwei Schalen verteilen, mit dem heißen Fond aufgießen. Nudeln zugeben und spiralförmig aufdrehen. Süßsaures Gemüse abgießen und mit Romanesco, Edamame und Spitzkohl auf den Ramen anrichten. Sofort servieren.

BASICS

Für 8 Portionen (1,2 kg) • 35 Min. Zubereitung • 1 Std. Backen • 3 Std. Kühlen • 24 Std. Reifen • Pro Portion ca. 465 kcal, 13 g E, 1 g F, 100 g KH

FRISCHE RAMEN-NUDELN

GRUNDREZEPT

19 g Backpulver
750 g Weizenmehl (Type 405)
1 ½ TL Salz
100 g Speisestärke

AUSSERDEM

Mehl zum Arbeiten
Nudelmaschine mit Spaghettiaufsatz

1 Den Backofen auf 140° vorheizen. Das Backpulver gleichmäßig auf einem mit Backpapier ausgelegten Backblech dünn verteilen und 1 Std. im Ofen (Mitte) backen, dann auskühlen lassen. Anschließend das Backpulver mit 425 ml Wasser in einem Topf aufkochen, auflösen und die entstandene Lauge vollständig abkühlen lassen.

2 Mehl, Salz und Lauge in einer Schüssel mit den Knethaken des Handrührgeräts in 4 Min. glatt kneten. Dann den Teig mit den Händen 1 Min. nachkneten, zu einer Kugel formen, in Frischhaltefolie wickeln und 3 Std. kalt stellen.

3 Den Teig dritteln. Zwei Drittel erneut kalt stellen. Das andere Drittel leicht mit Mehl bestäuben und in der Nudelmaschine zunächst auf höchster Stufe, dann auf immer kleinerer Stufe bis auf Stufe 2 durchdrehen. Die Teigbahn dritteln, mehlieren und jede Bahn durch den Spaghettiaufsatz drehen.

4 Speisestärke in eine Schüssel geben. Die Nudeln darin wälzen, sodass sie nicht aneinanderkleben. Überschüssige Stärke abschütteln, dann die Nudeln zu Nestern drehen. Den restlichen Teig ebenso verarbeiten. Die Nester auf ein Brett setzen und abgedeckt im Kühlschrank 24 Std. reifen lassen.

5 Am nächsten Tag die Nudeln in reichlich ungesalzenem Wasser portionsweise ca. 4 Min. kochen. Abgießen, abtropfen lassen und in die vorbereiteten heißen Ramen-Suppen setzen. Alternativ kann man die Nudelnester auch einfrieren.

GU **CLOU**

Ihre typische Konsistenz erhalten japanische Ramen durch die Lauge. Wer Zeit sparen möchte, kann statt des gebackenen Backpulvers auch 425 ml Kansui-Wasser für den Teig verwenden. Es ist reich an Kalium und Natriumcarbonat und in gut sortierten Asienläden erhältlich.

Für 6 Portionen (ca. 2 l) • 20 Min. Zubereitung • 12 Std. 30 Min. Köcheln •
Pro Portion ca. 10 kcal, 2 g E, 0 g F, 1 g KH

TONKOTSU – SCHWEINEFOND

GRUNDREZEPT

750 g Schweinefüße (vom Metzger)
750 g Schweineknochen (vom Metzger)
1 Stange Lauch
3 gelbe Zwiebeln
1 Stück Ingwer (4 cm lang)

1 Schweinefüße und Knochen gründlich abspülen und säubern. In einem großen Topf mit reichlich Wasser aufkochen. Den Herd ausschalten und die Knochen 30 Min. ziehen lassen, dann in ein Sieb abgießen. Den Topf gründlich reinigen, die Knochen erneut abspülen und zurück in den Topf geben.

2 Lauch waschen, putzen und grob klein schneiden. Zwiebeln waschen und halbieren. Ingwer waschen, längs halbieren, mit dem Messerrücken platt drücken und mit Lauch und ungeschälten Zwiebeln in den Topf geben. Alles mit mindestens 3,5 l Wasser vollständig bedecken, dann erhitzen und 12 Std. zugedeckt sprudelnd köcheln lassen, dabei gelegentlich umrühren. Bei Bedarf Wasser nachgießen, sodass Knochen und Füße stets bedeckt sind.

3 Den Fond zunächst durch ein grobes, dann durch ein feines Sieb abseihen. Er lässt sich auf Vorrat kochen und portionsweise einfrieren.

Für 6 Portionen (ca. 2 l) • 5 Min. Zubereitung • 12 Std. 30 Min. Ziehen •
Pro Portion ca. 10 kcal, 0 g E, 0 g F, 2 g KH

GEMÜSEFOND

GRUNDREZEPT

1 große Stange Lauch
3 Knoblauchzehen
45 g getrocknete Kombu-Alge (Asienladen)
60 g getrocknete Shiitake (Pilze; Asienladen)

1 Den Lauch waschen, putzen und in feine Ringe schneiden. Knoblauch schälen und mit dem Messerrücken andrücken.

2 Lauch, Knoblauch, Kombu-Alge und Shiitake in einen großen Topf geben, mit 3 l kaltem Wasser bedecken und mit einem Teller beschwert 12 Std., am besten über Nacht, ziehen lassen.

3 Am nächsten Tag den Topf auf den Herd stellen und die Flüssigkeit langsam auf 60° erhitzen. Dann die Temperatur reduzieren und alles 30 Min. bei maximal 60° ziehen lassen. Den Fond anschließend durch ein feines Sieb abseihen und sofort weiterverwenden oder portionsweise einfrieren.

4 Zur sofortigen Verwendung den Fond bei starker Hitze einmal aufkochen. Dann den Fond 10 Min. offen sprudelnd kochen und um ein Viertel reduzieren lassen.

*Für 6 Portionen • 30 Min. Zubereitung • 2 Std. Köcheln • 24 Std. Marinieren •
Pro Portion ca. 575 kcal, 33 g E, 39 g F, 16 g KH*

CHASHU – GESCHMORTER SCHWEINEBAUCH

GRUNDREZEPT

1 kg Schweinebauch (ohne Schwarte, ein möglichst flaches, breites Stück)
2 Knoblauchzehen
3 Frühlingszwiebeln
1 Stück Ingwer (4 cm lang)
150 ml Sojasauce
150 ml Sake (Reiswein)
75 g Zucker
2 EL Rapsöl zum Braten

GUT ZU WISSEN
Chashu ist in Japan auch als Snack zu einem kühlen Getränk beliebt. Dazu das Chashu dünn aufschneiden und die Oberfläche mit einem Flambierbrenner kurz erwärmen.

1 Den Schweinebauch Zimmertemperatur annehmen lassen, dann mit dem Bauchfett nach außen von der langen Seite her eng aufrollen. Das Fleisch im Abstand von 1 cm mit Küchengarn in Form binden

2 Knoblauch schälen und mit dem Messerrücken grob andrücken. Frühlingszwiebeln waschen, putzen und grob klein schneiden. Ingwer waschen, längs halbieren und mit dem Messerrücken andrücken. Sojasauce, Sake, 300 ml Wasser und Zucker in einem Rührbecher vermischen.

3 Das Öl in einem kleinen Schmortopf stark erhitzen. Den gerollten Schweinebauch darin von allen Seiten 10 Min. scharf anbraten. Dann den Braten herausnehmen und Knoblauch und Frühlingszwiebeln 2 Min. anbraten. Ingwer und die Soja-Sake-Mischung zugeben, kurz aufkochen und den Braten wieder in den Topf geben. Unter gelegentlichem Wenden 2 Std. bei mittlerer Hitze offen köcheln lassen.

4 Den Schweinebauch aus dem Topf nehmen. Das Küchengarn entfernen. Den Sud durch ein feines Sieb abgießen, auffangen und abkühlen lassen. Den Braten mit einem Drittel des Suds in einen großen Gefrierbeutel geben und mindestens 24 Std. im Kühlschrank marinieren lassen.

5 Zum Servieren das fertige Chashu in dünne Scheiben schneiden und in der Ramen-Suppe kurz erwärmen.

Für 6 Portionen • 25 Min. Zubereitung • 30 Min. Köcheln • 24 Std. Marinieren • Pro Portion ca. 280 kcal, 22 g E, 10 g F, 16 g KH

GESCHMORTES HÄHNCHENFLEISCH

EINFACH

2 entbeinte Hähnchenkeulen (600 g, vom Metzger)
2 Knoblauchzehen
3 Frühlingszwiebeln
1 Stück Ingwer (4 cm lang)
150 ml Sojasauce
150 ml Sake (Reiswein)
75 g Zucker
2 EL Rapsöl zum Braten

GUT ZU WISSEN
Das Hähnchenfleisch kann in allen Rezepten mit Schweinebraten als Alternative verwendet werden.

1 Die Hähnchenkeulen Zimmertemperatur annehmen lassen, dann trocken tupfen und mit der Haut nach außen von der langen Seite her eng aufrollen. Im Abstand von 1 cm mit Küchengarn in Form binden.

2 Knoblauch schälen und mit dem Messerrücken grob andrücken. Frühlingszwiebeln waschen, putzen und grob klein schneiden. Ingwer waschen, längs halbieren und mit dem Messerrücken andrücken. Sojasauce, Sake, 300 ml Wasser und Zucker in einem Rührbecher vermischen.

3 Das Öl in einem Schmortopf stark erhitzen und beide Fleischrollen darin von allen Seiten 6–8 Min. scharf anbraten. Dann herausnehmen und Knoblauch und Frühlingszwiebeln 2 Min. anbraten. Ingwer und die Soja-Sake-Mischung zugeben, kurz aufkochen und die Hähnchenrollen wieder in den Topf geben. Unter gelegentlichem Wenden 30 Min. bei mittlerer Hitze offen köcheln lassen.

4 Die Fleischrollen aus dem Topf nehmen. Das Küchengarn entfernen. Den Sud durch ein feines Sieb abgießen, auffangen und abkühlen lassen. Das Fleisch mit einem Drittel des Suds in einen großen Gefrierbeutel geben und mindestens 24 Std. im Kühlschrank marinieren lassen.

5 Zum Servieren das fertige Hähnchenfleisch in dünne Scheiben schneiden und in der Ramen-Suppe kurz erwärmen.

NARUTOMAKI – GEDÄMPFTE FISCHROLLE

KLASSIKER

*Für 1 Rolle (12 Portionen) • 25 Min. Zubereitung • 15 Min. Dämpfen • 8 Std. Kühlen •
Pro Portion ca. 10 kcal, 2 g E, 0 g F, 1 g KH*

100 g Zanderfilet ohne Haut
Salz
½ TL Zucker
1 TL Mirin (süßer Reiswein)
1 Eiweiß (M)
1 Msp. rote Lebensmittelfarbe (Pulver)

AUSSERDEM
Sushimatte

GUT ZU WISSEN
Man kann die Fischrolle auch einfrieren. Einfach bei Bedarf von der gefrorenen Masse dünne Scheiben abschneiden und diese im Kühlschrank auftauen lassen.

1 Die Sushimatte mit Frischhaltefolie einschlagen und quer auf die Arbeitsfläche legen (Bild 1).

2 Den Zander trocken tupfen, in grobe Stücke schneiden und mit ½ TL Salz, Zucker, Mirin und Eiweiß in einen hohen Rührbecher geben. Mit dem Pürierstab sehr fein mixen (Bild 2).

3 Etwas mehr als die Hälfte der Fischmasse quer auf der ausgelegten Sushimatte zu einem dünnen Rechteck (15 × 10 cm) verstreichen. Die übrige Fischmasse mit der Lebensmittelfarbe mischen, bis sie rosa eingefärbt ist, dann dünn und gleichmäßig auf der weißen Masse verteilen (Bild 3).

4 Die Fischmasse mithilfe der Sushimatte von unten nach oben eng aufrollen. Die Sushimatte eng um die so entstandene Rolle wickeln, an beiden Enden mit einem Gummiband fixieren (Bild 4).

5 Wasser in einem großen Topf erhitzen und die eingewickelte Rolle im Dämpfeinsatz oder in einem großen eingehängten Sieb 15 Min. bei geschlossenem Deckel dämpfen (Bild 5). Wichtig ist, dass die Rolle nicht im Wasser liegt, sondern nur im Wasserdampf gart.

6 Die Fischrolle auskühlen lassen und mindestens 8 Std., am besten über Nacht, kalt stellen. Zum Servieren die Rolle in sehr dünne Scheiben schneiden (Bild 6).

Für 1 Glas (1 l) • 20 Min. Zubereitung • 30 Min. Abkühlen • 24 Std. Ziehen • Pro Glas ca. 160 kcal, 4 g E, 0 g F, 28 g KH

EINGELEGTES GEMÜSE

GUT VORZUBEREITEN

1 Knoblauchzehe
1 TL Kombu-Flocken (getrocknete Algen-Flocken; Asienladen)
Salz
75 ml weißer Reisessig (Asienladen)
2 EL Mirin (süßer Reiswein)
300 g Möhren
300 g weißer Rettich

1 Den Knoblauch schälen und in feine Scheiben schneiden. 500 ml Wasser, Kombu-Flocken, 2 EL Salz, Reisessig, Mirin und Knoblauchscheiben in einem Topf erhitzen, aber nicht kochen. Die Mischung 10 Min. ziehen lassen, dann von der Herdplatte nehmen und 30 Min. abkühlen lassen.

2 Inzwischen Möhren und Rettich putzen, schälen und mit dem Sparschäler oder auf dem Gemüsehobel in feine Streifen schneiden. Die Gemüsestreifen in ein sterilisiertes Schraubglas füllen.

3 Die abgekühlte Marinade durch ein Sieb über das Gemüse gießen. Dieses mit einem Gewicht, z. B. einem mit Wasser gefüllten Beutel, beschweren, sodass es vollständig mit Flüssigkeit bedeckt ist. Anschließend im Kühlschrank 24 Std. ziehen lassen. Mit Flüssigkeit bedeckt hält sich das Gemüse im Kühlschrank 2–3 Wochen.

Für 6 Portionen • 20 Min. Zubereitung • 24 Std. Ziehen • Pro Portion ca. 70 kcal, 4 g E, 3 g F, 3 g KH

EINGELEGTE EIER

KLASSIKER

3 Eier (M)
6 EL Sojasauce
4 EL Mirin (süßer Reiswein)

1 Wasser in einem Topf erhitzen und die Eier in 6 Min. bei mittlerer Hitze wachsweich kochen. Inzwischen Sojasauce, Mirin und 150 ml kaltes Wasser verrühren und in ein Schraubglas (ca. 500 ml) füllen.

2 Die gekochten Eier sofort abgießen, kalt abspülen, vorsichtig pellen und in Eiswasser legen, damit das Eigelb nicht weiter stockt. Nach 5 Min. die Eier herausnehmen, abtropfen lassen und vorsichtig in die Marinade legen. Die Eier mit einem Gewicht, z. B. einem mit Wasser gefüllten Beutel, beschweren, sodass sie vollständig mit Flüssigkeit bedeckt sind. Dann im Kühlschrank 24 Std. bis maximal 48 Std. ziehen lassen.

3 Abgetropft und luftdicht verschlossen können die Eier 2–3 Tage im Kühlschrank aufbewahrt werden. Die eingelegten Eier können in allen Rezepten mit gekochten Eihälften verwendet werden.

Für 1 Glas (400 ml) • 35 Min. Zubereitung • 3 Std. Ziehen • Pro Glas ca. 310 kcal, 4 g E, 0 g F, 72 g KH

GARI – EINGELEGTER INGWER

KLASSIKER

200 g Ingwer • Salz • 200 ml weißer Reisessig (Asienladen) • 50 g Zucker

1 Ingwer schälen und längs mit der Faser in hauchdünne Scheiben schneiden oder hobeln. In einer Schüssel mit 1 TL Salz bestreuen, kräftig durchkneten und 10 Min. ruhen lassen.

2 Wasser in einem Topf erhitzen und den Ingwer darin 2 Min. kochen, dann abgießen und ausdrücken. Essig, Zucker und ½ Salz erhitzen, bis sich Zucker und Salz aufgelöst haben.

3 Den Ingwer in ein sterilisiertes Schraubglas füllen und mit der heißen Essigmischung übergießen. Mindestens 3 Std. ziehen lassen. Gut verschlossen und mit Flüssigkeit bedeckt hält sich der eingelegte Ingwer im Kühlschrank ca. 4 Wochen.

Für 1 Glas (400 ml) • 15 Min. Zubereitung • 24 Std. Ziehen • Pro Glas ca. 310 kcal, 8 g E, 0 g F, 44 g KH

MENMA – EINGELEGTE BAMBUSSPROSSEN

EINFACH

75 g eingelegte Bambussprossen (Asienladen) • 50 ml Sake (Reiswein; Asienladen) • 50 ml Mirin (süßer Reiswein; Asienladen) • 50 ml Sojasauce • 1 TL Vollrohrzucker (ersatzweise brauner Zucker) • 20 g getrocknete Kombu-Alge (Asienladen)

1 Bambussprossen waschen und abtropfen lassen. Mit 200 ml Wasser, Sake, Mirin, Sojasauce, Zucker und Kombu-Alge in einem Topf aufkochen. Die Kombu-Alge nach 2–5 Min. entfernen. Den Rest 15 Min. weiter offen köcheln lassen.

2 Sprossen samt Sud in ein sterilisiertes Schraubglas füllen, abkühlen lassen und im Kühlschrank mindestens 24 Std. ziehen lassen.

3 Im Kühlschrank aufbewahrt sind die Sprossen ca. 1 Woche haltbar. Vor dem Anrichten gründlich abspülen. Sie können in allen Rezepten mit Bambussprossen verwendet werden.

Für 6 Personen • 10 Min. Zubereitung •
Pro Portion ca. 115 kcal, 3 g E, 4 g F, 15 g KH

MISO-WÜRZE

EINFACH

1 großes Stück Ingwer (9 cm lang) • 6 gehäufte EL helle Misopaste • 6 EL Mirin (süßer Reiswein) • 6 EL Sake (Reiswein) • 3 TL Zucker • 3 TL geröstetes Sesamöl (Asienladen)

1 Den Ingwer schälen und sehr fein hacken. Den gehackten Ingwer mit Misopaste, Mirin, Sake, Zucker und geröstetem Sesamöl in eine Schüssel geben und mit einem Schneebesen verrühren.

2 Zum Servieren die Miso-Würze auf Schalen verteilen, mit heißem Fond aufgießen und die Ramen-Suppe darin anrichten.

3 In einem sterilisierten Schraubglas aufbewahrt hält sich die Würze gut verschlossen ca. 1 Woche im Kühlschrank. Sie kann in allen Rezepten mit Misopaste verwendet werden.

Für 1 kleines Glas (100 ml) • 10 Min. Zubereitung •
24 Std. Ziehen •
Pro Glas ca. 930 kcal, 0 g E, 100 g F, 10 g KH

KNOBLAUCHÖL

GÜNSTIG

3 Knoblauchzehen • 100 ml Rapsöl

1 Knoblauch schälen und mit dem Messerrücken andrücken. Die Knoblauchzehen in ein sterilisiertes Schraubglas oder eine kleine Flasche geben und mit dem Öl auffüllen.

2 Das Knoblauchöl verschlossen im maximal 8° warmen Kühlschrank 24 Std. ziehen lassen. Es hält sich 2–3 Wochen. Zum Servieren etwas Knoblauchöl über die angerichteten Ramen träufeln.

REGISTER

Vegetarische Rezepte, die im Buch mit einem 🌢 gekennzeichnet sind, sind hier grün abgesetzt.

Abkürzungsverzeichnis:
E = Eiweiß
EL = Esslöffel (gestrichen)
F = Fett
kcal = Kilokalorien
KH = Kohlenhydrate
Msp. = Messerspitze
Pck. = Päckchen
TK = Tiefkühl
TL = Teelöffel (gestrichen)
Ø = Durchmesser

LIEBE LESERINNEN UND LESER,

wir wollen Ihnen mit diesem Buch Informationen und Anregungen geben, um Ihnen das Leben zu erleichtern oder Sie zu inspirieren, Neues auszuprobieren. Wir achten bei der Erstellung unserer Bücher auf Aktualität und stellen höchste Ansprüche an Inhalt und Gestaltung. Alle Anleitungen und Rezepte werden von unseren Autoren, jeweils Experten auf ihren Gebieten, gewissenhaft erstellt und von unseren Redakteur*innen mit größter Sorgfalt ausgewählt und geprüft.

Haben wir Ihre Erwartungen erfüllt? Sind Sie mit diesem Buch und seinen Inhalten zufrieden? Wir freuen uns auf Ihre Rückmeldung. Und wir freuen uns, wenn Sie diesen Titel weiterempfehlen, in Ihrem Freundeskreis oder bei Ihrem Online-Kauf.

Sollten wir Ihre Erwartungen so gar nicht erfüllt haben, tauschen wir Ihnen Ihr Buch jederzeit gegen ein gleichwertiges zum gleichen oder ähnlichen Thema um.

KONTAKT ZUM LESERSERVICE

GRÄFE UND UNZER VERLAG
Grillparzerstraße 8
81675 München
www.gu.de

IMPRESSUM

GU ist eine eingetragene Marke der GRÄFE UND UNZER VERLAG GmbH, www.gu.de

ISBN 978-3-8338-7299-0
8. Auflage 2025

Projektleitung: Linh Nguyen
Lektorat: Christin Geweke
Korrektorat: Jutta Friedrich
Innen- und Umschlaggestaltung: independent Medien-Design, Horst Moser, München
Herstellung: Gloria Schlayer
Satz: Kösel, Krugzell
Reproduktion: Medienprinzen GmbH, München
Druck und Bindung: Firmengruppe APPL, aprinta druck, Wemding

Printed in Germany

DIE AUTOREN

Sarah Schocke und Alexander Dölle studierten Oecotrophologie und sind Autoren zahlreicher Kochbücher. Asiatische Nudelsuppe, vor allem Ramen, gehört zu ihren Lieblingsthemen. Für dieses Projekt haben sie zahlreiche Ramen-Restaurants besucht, darunter auch das beste Europas laut dem Shin-Yokohama-Ramen-Museum in Japan. Das Restaurant ist in Frankfurt, wo sie mit ihren zwei Kindern leben. Was für ein Zufall!

DIE FOTOGRAFIN

Julia Hoersch ist eine vielfach ausgezeichnete Fotografin. Zusammen mit Petra Speckmann (Foodstyling) und Christine Mähler (Requisite) verwandelte sie ihr Fotostudio in einen Ramen-Laden und setzte die Kultnudeln stilvoll in Szene.

BILDNACHWEIS

Julia Hoersch: S. 06–59 und Stepfotos auf den Klappen
Coco Lang: S. 01, S. 05 und Stillleben auf den Klappen
Kathrin Koschitzki: Coverfoto
Sarah Kastner: Autorenfoto

Umwelthinweis:
Dieses Buch ist auf PEFC-zertifiziertem Papier aus nachhaltiger Waldwirtschaft gedruckt.

Syndication: www.imageprofessionals.com

APPETIT AUF MEHR?

ISBN 978-3-8338-7072-9

ISBN 978-3-8338-6876-4

ISBN 978-3-8338-6852-8

ISBN 978-3-8338-7301-0

ISBN 978-3-8338-6853-5

ISBN 978-3-8338-6626-5

e Alle hier vorgestellten Bücher sind auch als eBook erhältlich.

Mehr von GU auf **www.gu.de** und **facebook.com/gu.verlag**

DIE »GU KOCHEN PLUS«-APP

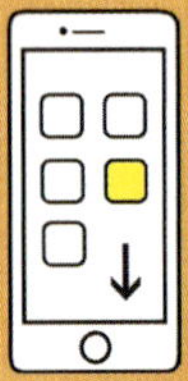

1 APP HERUNTERLADEN

Laden Sie die kostenlose »GU Kochen Plus«-App im Apple App Store oder im Google Play Store auf Ihr Smartphone. Starten Sie die App und wählen Sie Ihren Küchenratgeber aus.

2 REZEPTBILD SCANNEN

Scannen Sie das gewünschte Rezeptbild mit der Kamera Ihres Smartphones. Klicken Sie im Display die Funktion Ihrer Wahl.

3 FUNKTIONEN NUTZEN

Sammeln Sie Ihre Lieblingsrezepte. Speichern und verschicken Sie Ihre Einkaufslisten. Oder nutzen Sie den praktischen Supermarkt-Finder und den Rezept-Planer.